Impressum
Verlag: BABADADA GmbH, Nedderfeld 112 , 22529 Hamburg
Geschäftsführer / Verlagsleitung: Harald Hof
Druck: Books on Demand GmbH, In de Tarpen 42, 22848 Norderstedt

Imprint
Publisher: BABADADA GmbH, Nedderfeld 112 , 22529 Hamburg, Germany
Managing Director / Publishing direction: Harald Hof
Print: Books on Demand GmbH, In de Tarpen 42, 22848 Norderstedt

sekolah
iskola

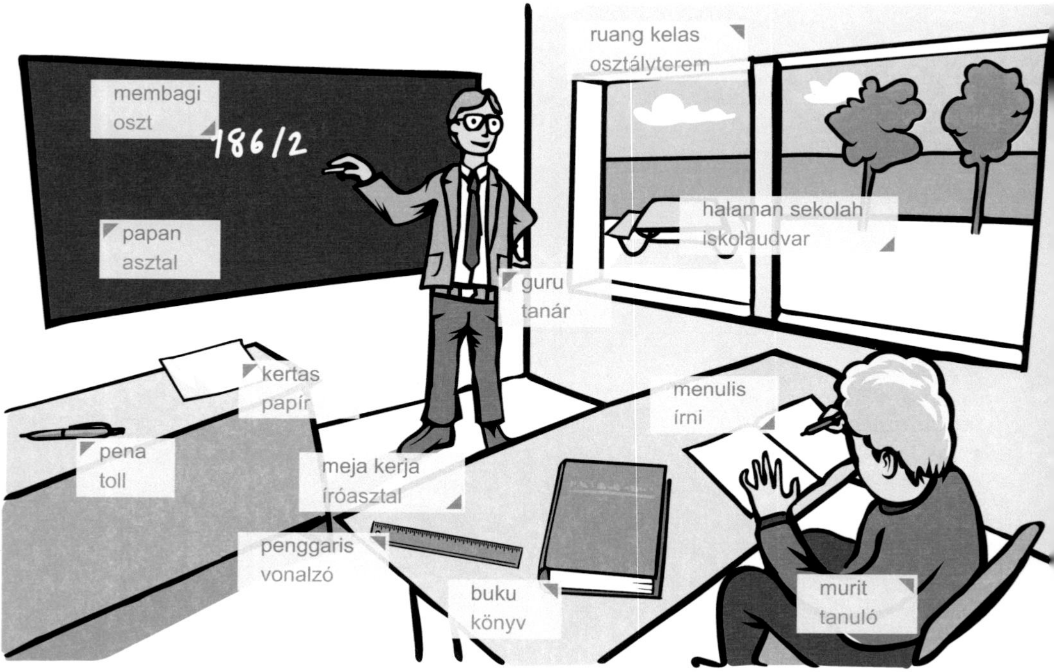

ruang kelas
osztályterem
membagi
oszt
186/2
papan
asztal
halaman sekolah
iskolaudvar
guru
tanár
kertas
papír
menulis
írni
pena
toll
meja kerja
íróasztal
penggaris
vonalzó
buku
könyv
murit
tanuló

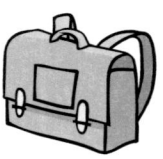

tas sekolah
iskolatáska

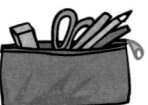

tempat pensil
tolltartó

pensil
ceruza

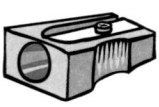

pengasah pensil
ceruzahegyező

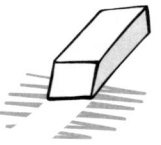

penghapus
radír

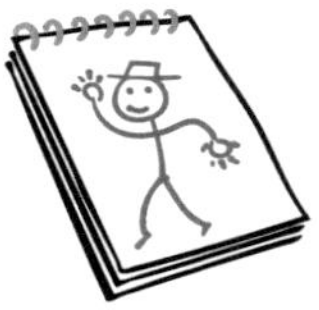

kertas gambar
rajzfüzet

gambar

rajz

kuas

ecset

kotak cat

festőkészlet

gunting

olló

lem

ragasztó

buku latihan

munkafüzet

pekerjaan rumah

házi feladat

angka

szám

tambhakan

összead

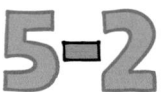

mengurangi

kivon

mengalikan

szoroz

menghitung

számol

huruf

betű

ABCDEFG HIJKLMN OPQRSTU VWXYZ

alfabet

ABC

hello

kata

szó

teks
....
szöveg

membaca
....
olvasni

kapur
....
kréta

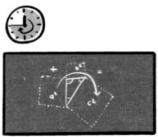

pelajaran
....
tanóra

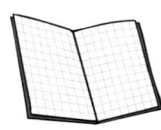

daftar
....
napló

ujian
....
vizsga

sertifikat
....
bizonyítvány

seragam sekolah
....
iskolai egyenruha

pendidikan
....
oktatás

ensiklopedi
....
enciklopédia

universitas
....
egyetem

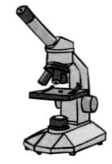

mikroskop
....
mikroszkóp

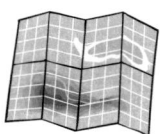

peta
....
térkép

tempat sampah
....
papír-hulladék gyűjtő

sekolah - iskola

perjalanan
utazás

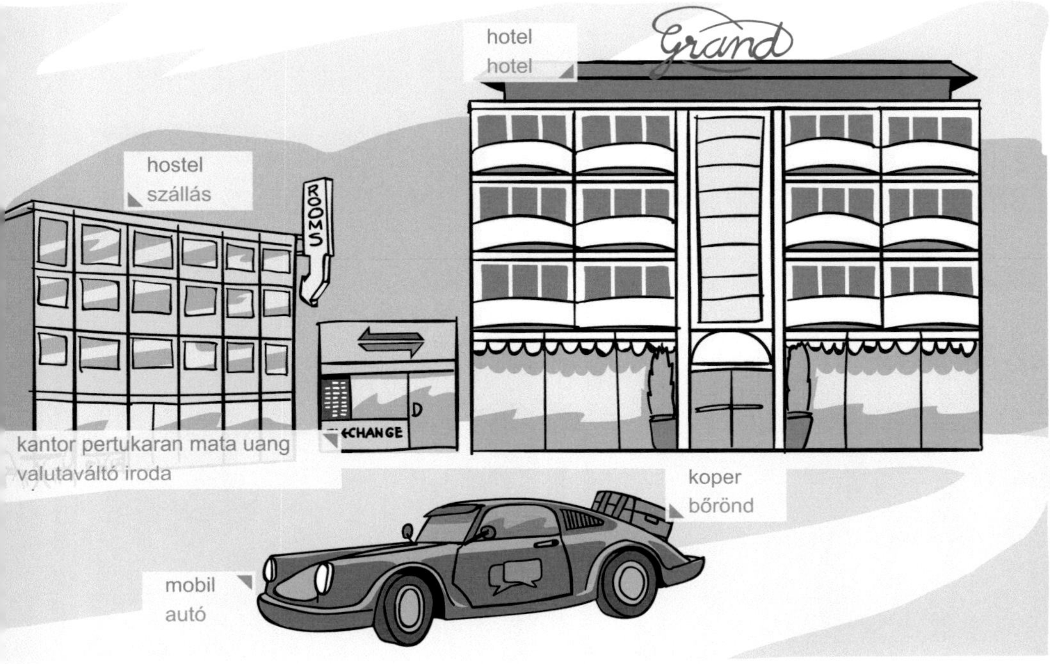
hotel
hotel
Grand
hostel
szállás
ROOMS
EXCHANGE
kantor pertukaran mata uang
valutaváltó iroda
koper
bőrönd
mobil
autó

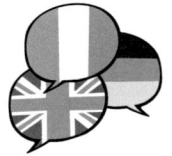

bahasa
nyelv

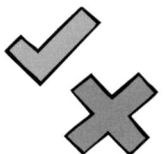

ya / tidak
igen/nem

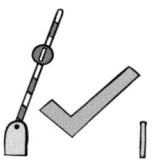

okay
rendben

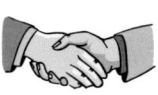

hallo
szia

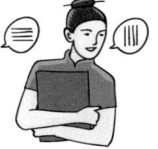

penerjemah
fordító

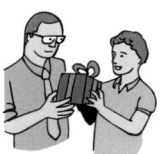

terima kasih
köszönöm

Berapa harganya…?

mennyibe kerül…?

saya tidak mengerti

nem értem

masalah

probléma

Selamat malam!

Jó estét!

Selamat siang!

jó reggelt!

Selamat tidur!

jó éjszakát!

sampai jumpa

viszontlátásra

arah

útirány

bagasi

poggyász

tas

táska

ransel

hátizsák

tamu

vendég

ruang

szoba

kantong tidur

hálózsák

tenda

sátor

informasi wisata

turista információ

pantai

strand

kartu kredit

hitelkártya

sarapan

reggeli

makan siang

ebéd

makan malam

vacsora

tiket

jegy

elevator

lift

perangko

bélyeg

perbatasan

határ

cukai

vám

kedutaan

nagykövetség

visa

vízum

paspor

útlevél

transportasi
közlekedés

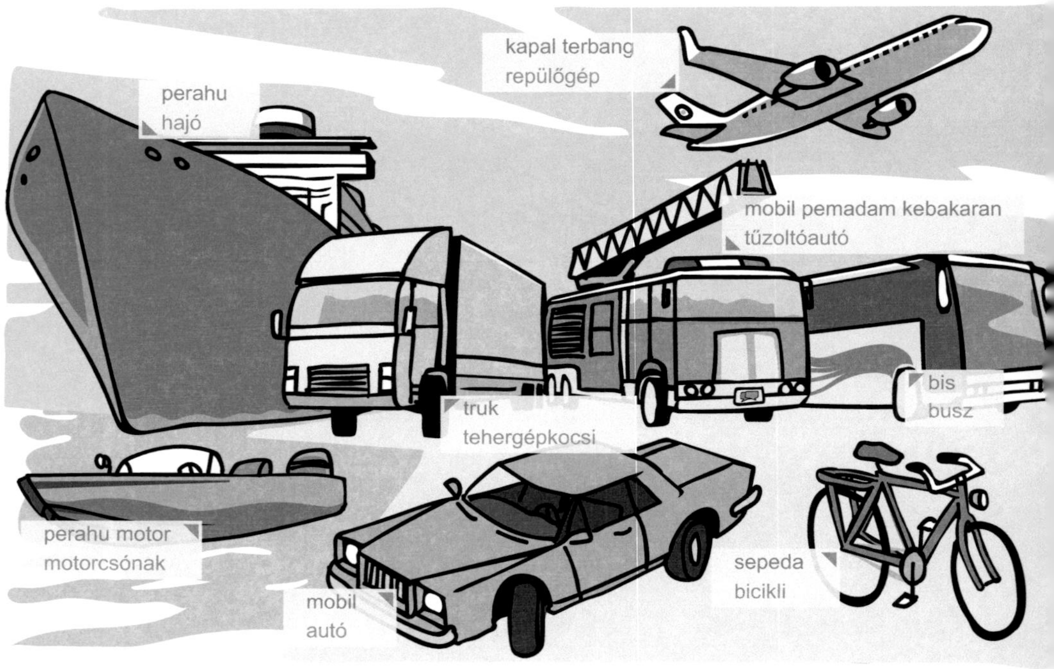
kapal terbang
repülőgép
perahu
hajó
mobil pemadam kebakaran
tűzoltóautó
bis
busz
truk
tehergépkocsi
perahu motor
motorcsónak
sepeda
bicikli
mobil
autó

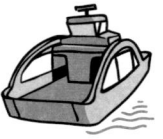

feri

komp

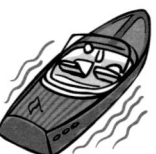

perahu

csónak

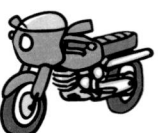

sepeda motor

motorkerékpár

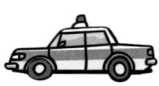

mobil polisi

rendőrautó

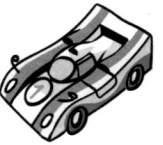

mobil balapan

versenyautó

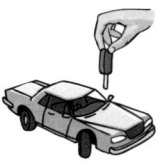

mobil sewa

bérautó

berbagi mobil

telekocsi

truk derek

vontató

truk sampah

szemetes autó

motor

motor

bahan bakar

üzemanyag

bensin

benzinkút

tanda lalulintas

közlekedési tábla

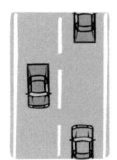

lalulintas

forgalom

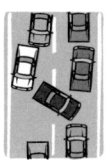

macet

forgalmi dugó

parkir mobil

parkoló

stasiun kereta

vonatállomás

trek

sínek

kereta api

vonat

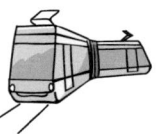

tram

villamos

gerobak

vagon

helikopter
helikopter

bendara
repülőtér

menara
torony

penumpang
utas

container
konténer

karton
kartondoboz

troli
taliga

keranjang
kosár

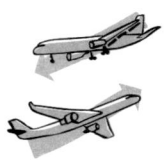

berangkat / mendarat
felszáll / leszáll

kota
város

desa
falu

pusat kota
városközpont

rumah
ház

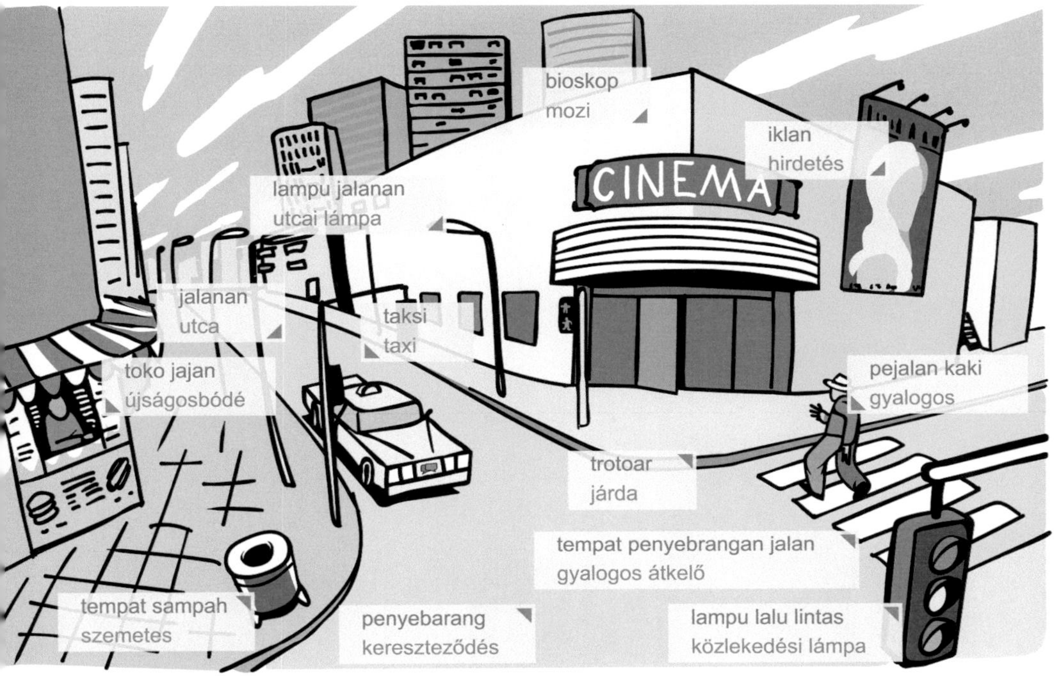

bioskop
mozi

iklan
hirdetés

lampu jalanan
utcai lámpa

CINEMA

taksi
taxi

jalanan
utca

toko jajan
újságosbódé

pejalan kaki
gyalogos

trotoar
járda

tempat penyebrangan jalan
gyalogos átkelő

tempat sampah
szemetes

penyebarang
kereszteződés

lampu lalu lintas
közlekedési lámpa

gubuk

kunyhó

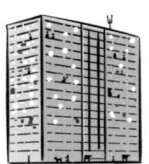

rumah flat

lakás

stasiun kereta

vonatállomás

balai kota

városháza

museum

múzeum

sekolah

iskola

universitas

egyetem

bank

bank

rumah sakit

kórház

hotel

hotel

farmasi

gyógyszertár

kantor

iroda

toko buku

könyvesbolt

toko

üzlet

toko bunga

virágüzlet

supermarket

szupermarket

pasar

piac

toko serba ada

áruház

nelayan

halárus

pusat belanja

bevásárló központ

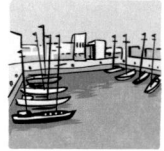

pelabuhan

kikötő

taman

park

banku

pad

jembatan

híd

tangga

lépcső

kereta bawah tanah

metró

terowongan

alagút

pemberhantian bis

buszmegálló

bar

bár

restauran

étterem

kotak surat

postaláda

tanda jalan

utcatábla

meteran parkir

parkoló óra

kebun binatang

állatkert

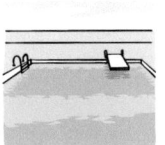

kolam renang

uszoda

mesjid

mecset

kota - város

pertanian	polusi	kuburan
gazdálkodás	környezetszennyezés	temető

gereja	tempat bermain	pura
templom	játszótér	szentély

pemandangan
táj

![Táj illusztráció]

- daun / levél
- penunjuk arah / útjelző tábla
- jalanan / út
- padang rumput / rét
- batu / kő
- pejalak kaki / túrázó
- pohon / fa
- sungai / folyó
- rumput / fű
- bunga / virág

lembah
völgy

bukit
domb

danau
tó

hutan
erdő

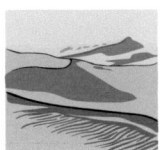

padang gurun
sivatag

gunung berapi
vulkán

istana
kastély

pelangi
szivárvány

jamur
gomba

pohon palem
pálmafa

nyamuk
szúnyog

lalat
légy

semut
hangya

lebah
méhecske

laba-laba
pók

kumbang

bogár

kodok

béka

tupai

mókus

landak

sündisznó

kelinci

nyúl

burung hantu

bagoly

burung

madár

angsa

hattyú

babi jantan

vaddisznó

rusa

szarvas

rusa

rénszarvas

bendungan

gát

turbin angin

szélturbina

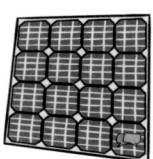

panel surya

napelem

iklim

éghajlat

pemandangan - táj

restauran
étterem

pelayan
pincér
daftar makanan
menü
kursi
szék
sup
leves
pizza
pizza
peralatan makan
evőeszköz
taplak
terítő

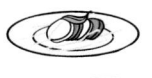

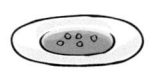

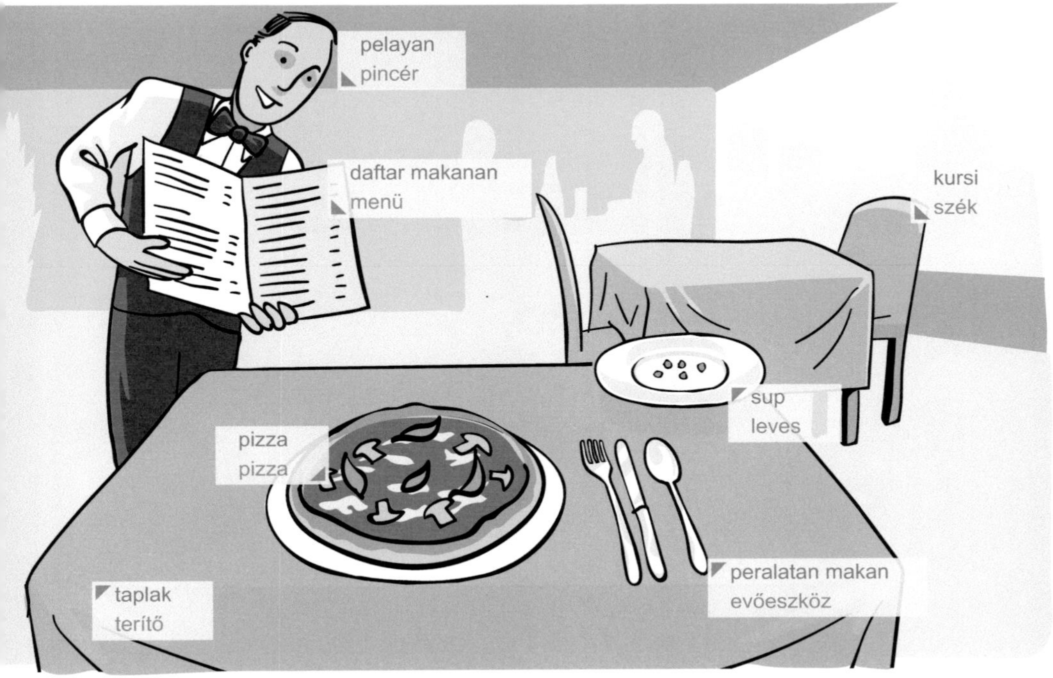

hindangan pembuka
előétel

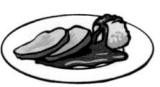

hidangan utama
főétel

hidangan penutup
desszert

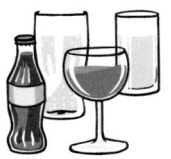

minuman
italok

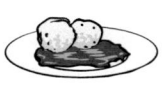

makanan
étel

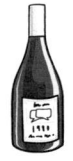

botol
üveg

fastfood

gyorsétel

masakan jalanan

gyorsétel

teko teh

teás kanna

kaleng gula

cukortartó

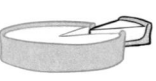

porsi

adag

mesin espresso

eszpresszógép

kursi tinggi

bárszék

tagihan

számla

baki

tálca

pisau

kés

garpu

villa

sendok

kanál

sendok teh

teáskanál

serbet

szalvéta

gelas

pohár

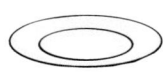

piring

tányér

piring sup

leveses tányér

lepek

csészealj

saus

szósz

tempat garam

sószóró

gilingan merica

borsőrlő

cuka

ecet

minyak

étkezési olaj

bumbu

fűszerek

saus tomat

ketchup

mustar

mustár

mayones

majonéz

supermarket

szupermarket

penawaran khusus
különleges ajánlat
klien
ügyfél
produk susu
tejtermék
buah
gyümölcsök
troli
bevásárló kocsi
FOR

BUTCHERS

pembantai

hentes

BAKERY

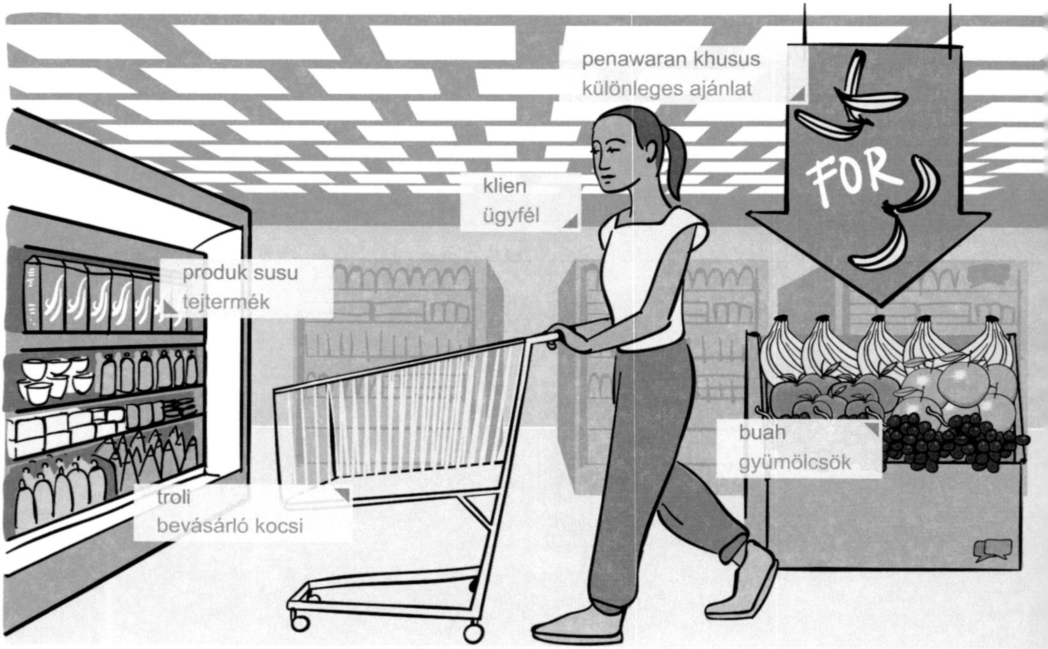

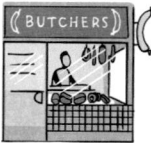

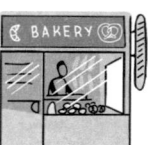

toko roti

pékség

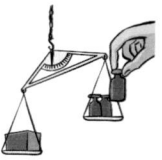

menimbang

nyom valamennyit

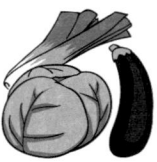

sayur

zöldség

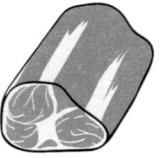

daging

hús

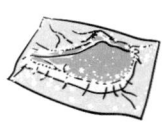

makanan beku

fagyasztott áru

pemotongan dingin

felvágott

makanan kaleng

konzerv

sabun serbuk

mosópor

permen

édességek

alat-alat rumah tangga

háztartási termék

obat pembersihan

tisztítószerek

penjual

eladó

kasa

pénztárgép

kasir

eladó

daftar belanja

bevásárló lista

jam buka

nyitva tartás

dompet

levéltárca

kartu kredit

hitelkártya

tas

zacskó

kantong plastik

műanyag zacskó

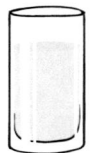

air

víz

jus

gyümölcslé

susu

tej

cola

kóla

anggur

bor

bir

sör

alkohol

alkohol

coklat

kakaó

teh

tea

kopi

kávé

espresso

eszpresszó

cappucino

kapucsínó

pisang

banán

apel

alma

jeruk

narancs

semangka

sárgadinnye

jeruk lemon

citrom

wortel

sárgarépa

bawang putih

fokhagyma

bambu

bambusz

bawang bombai

hagyma

jamur

gomba

kacang

magvak

mi

nokedli

spagetti

spagetti

nasi

rizs

salat

saláta

kentang goreng

sült krumpli

kentang goreng

sült burgonya

pizza

pizza

hamburger

hamburger

sandwich

szendvics

sayatan

hússzelet

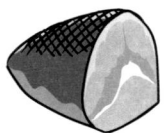

ham

sonka

salami

szalámi

sosis

kolbász

ayam

csirke

menggoreng

pecsenye

ikan

hal

bubur gandum

zabkása

sereal

müzli

cornflakes

kukoricapehely

tepung

liszt

croissant

croissant

roti

zsemle

roti

kenyér

toast

pirítós kenyér

biskuit

keksz

mentega

vaj

dadih

túró

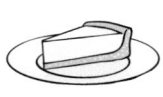

kue

sütemény

telur

tojás

telur goreng

tükörtojás

keju

sajt

eskrim

jégkrém

gula

cukor

madu

méz

selai

lekvár

krim nugat

mogyorókrém

kare

curry

makanan - étel

pertanian
gazdálkodás

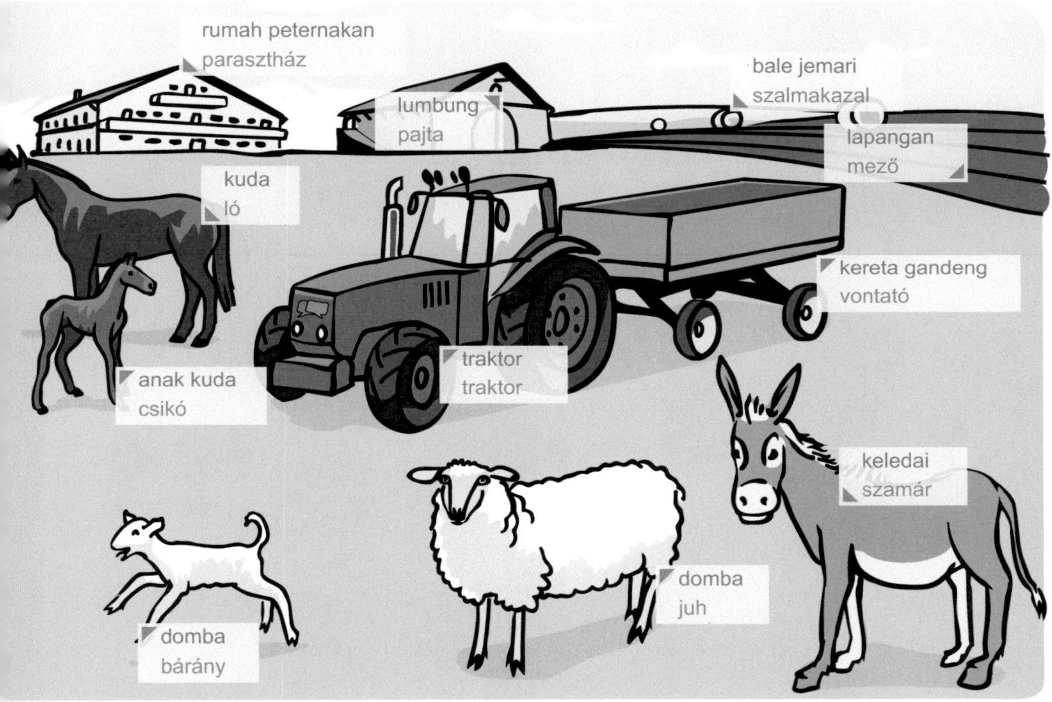
rumah peternakan
parasztház
lumbung
pajta
bale jemari
szalmakazal
lapangan
mező
kuda
ló
kereta gandeng
vontató
traktor
traktor
anak kuda
csikó
keledai
szamár
domba
juh
domba
bárány

kambing
kecske

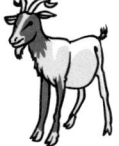

sapi
tehén

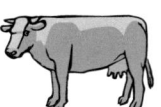

betis
borjú

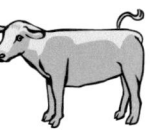

babi
malac

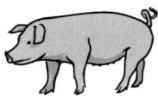

celeng
kismalac

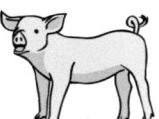

banteng
bika

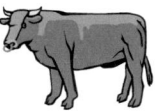

angsa

liba

bebek

kacsa

anak ayam

csibe

ayam

tojó

ayam jantan

kakas

tikus

patkány

kucing

macska

tikus

egér

lembu

ökör

anjing

kutya

rumah anjing

kutyaház

selang

kerti öntözőcső

penyiram

öntözőkanna

sabit

kasza

bajak

eke

sabit

sarló

cangkul

kapa

garpu rumput

vasvilla

kapak

fejsze

gerobak

talicska

palung

teknő

kaleng susu

tejes kancsó

karung

zsák

pagar

kerítés

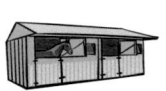

kandang

istálló

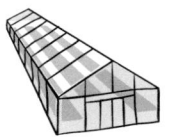

rumah kaca

üvegház

tanah

talaj

benih

vetőmag

pupuk

trágya

mesin pemanen

cséplőgép

panen

szüretelni

panen

betakarítás

yams

yamgyökér

gandum

búza

kedelai

szója

kentang

burgonya

jagung

kukorica

lobak

repcemag

pohon buah

gyümölcsfa

singkong

manióka

sereal

gabona

pertanian - gazdálkodás

rumah
ház

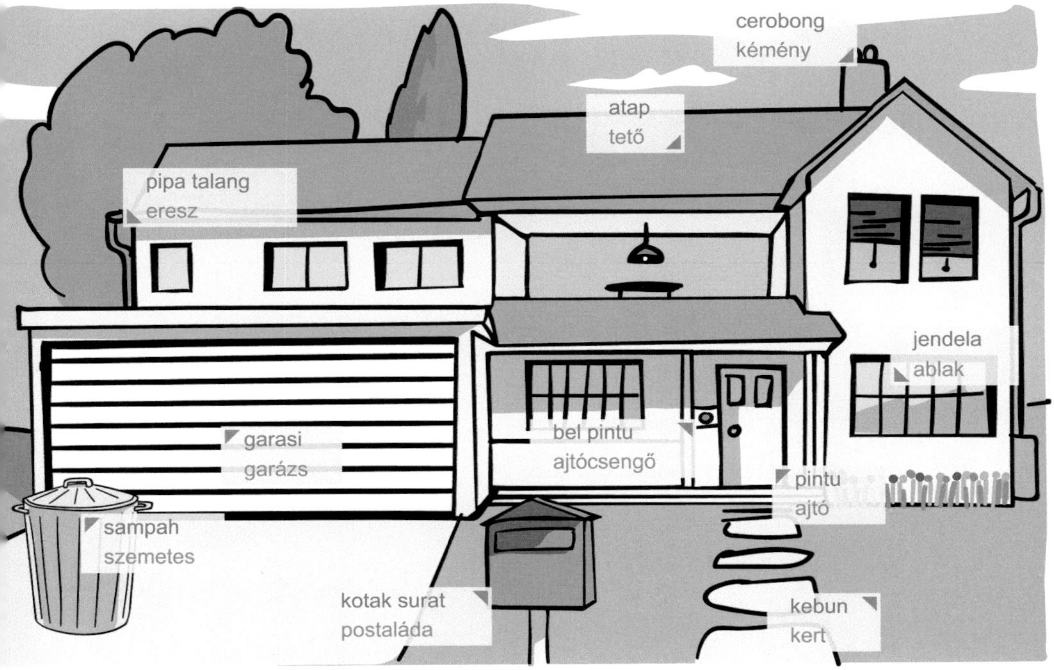

cerobong
kémény
atap
tető
pipa talang
eresz
jendela
ablak
garasi
garázs
bel pintu
ajtócsengő
pintu
ajtó
sampah
szemetes
kotak surat
postaláda
kebun
kert

ruang tamu

nappali

kamar mandi

fürdőszoba

dapur

konyha

kamar tidur

hálószoba

kamar anak

gyerekszoba

kamar makan

ebédlő

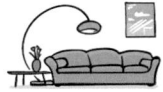

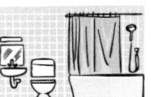

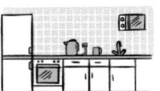

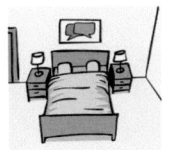

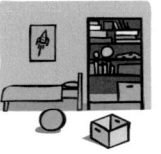

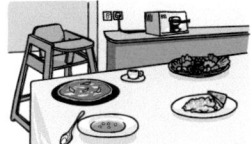

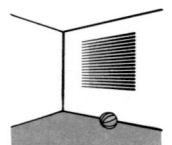

lantai

padló

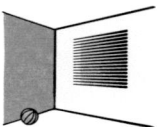

tembok

fal

atap

plafon

gudang di bawah tanah

pince

sauna

szauna

balkon

erkély

teras

terasz

kolam renang

medence

mesin pemotong rumput

fűnyíró

sprei

lepedő

selimut

ágytakaró

tempat tidur

ágy

sapu

seprű

ember

vödör

tombol

kapcsoló

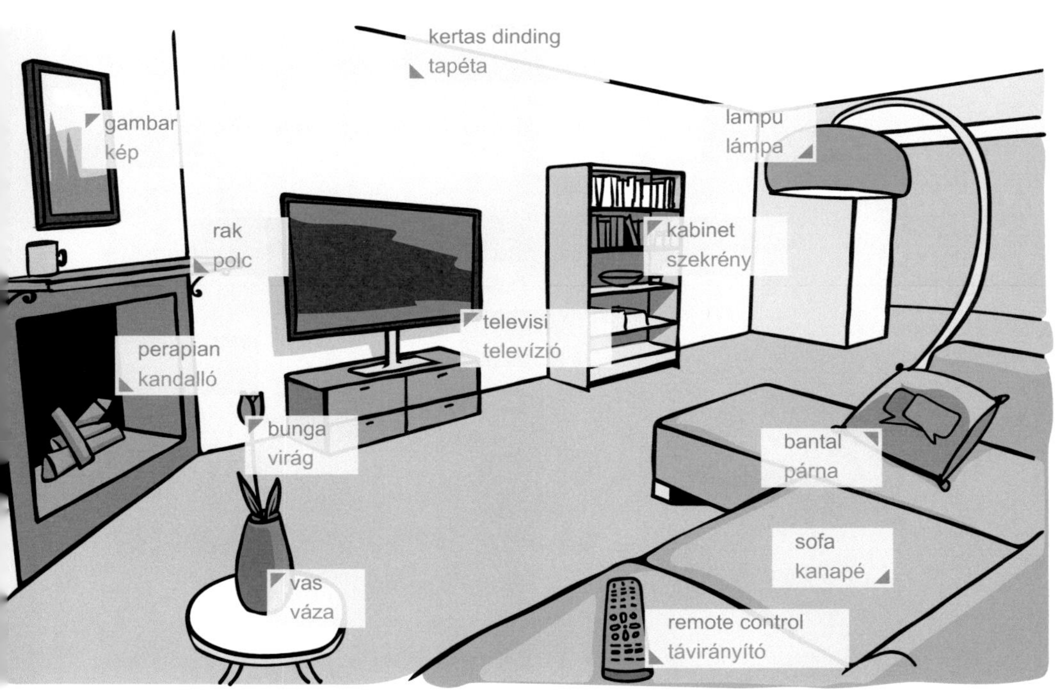

kertas dinding
tapéta

gambar
kép

lampu
lámpa

rak
polc

kabinet
szekrény

televisi
televízió

perapian
kandalló

bunga
virág

bantal
párna

sofa
kanapé

vas
váza

remote control
távirányító

karpet
szőnyeg

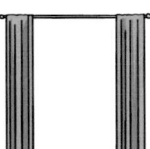

korden
függöny

meja
asztal

kursi
szék

kursi goyang
hintaszék

kursi malas
karosszék

buku

könyv

selimut

takaró

dekorasi

dekoráció

kayu bakar

tűzifa

filem

film

hi-fi

hifi

kunci

kulcs

koran

újság

lukisan

festmény

poster

poszter

radio

rádió

buku tulis

jegyzetfüzet

penyedot debu

porszívó

kaktus

kaktusz

lilin

gyertya

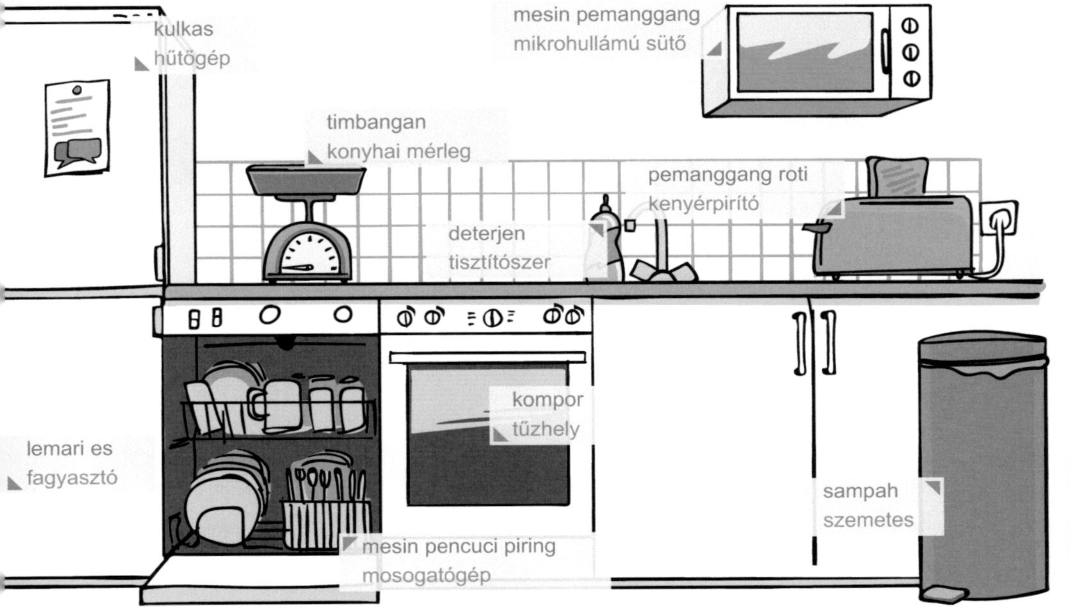

kulkas
hütőgép

mesin pemanggang
mikrohullámú sütő

timbangan
konyhai mérleg

pemanggang roti
kenyérpirító

deterjen
tisztítószer

kompor
tűzhely

lemari es
fagyasztó

sampah
szemetes

mesin pencuci piring
mosogatógép

kompor

tűzhely

panci

edény

panci besi

vasfazék

wajan

wok / kadai

panci

serpenyő

pemanas air

vízforraló

panci pengukus makanan

pároló

nampan

tepsi

piring

étkészlet

cangkir

bögre

mangkok

tálka

sumpit

evőpálcika

sendok sup

merőkanál

sudip

keverőlapátka

mengocok

habverő

saringan

szűrő

saringan

szita

parutan

reszelő

mortir

mozsár

barbeque

grillsütő

api terbuka

kandalló

papan memotong

vágódeszka

gilingan

sodrófa

alat pembuka botol

dugóhúzó

kaleng

doboz

pembuka kaleng

konzervnyitó

pegangan panci

edényfogó

wastafel

mosogató

sikat

kefe

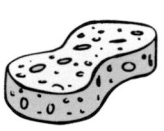

busa

szivacs

mesin pencampur

turmixgép

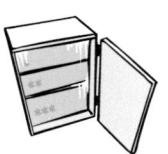

lemari es

mélyhűtő

botol bayi

cumisüveg

keran

csap

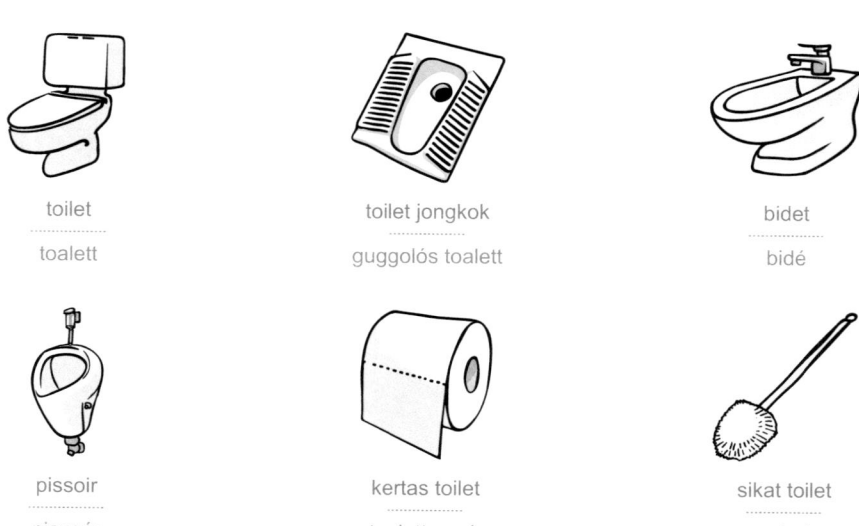

kamar mandi
fürdőszoba

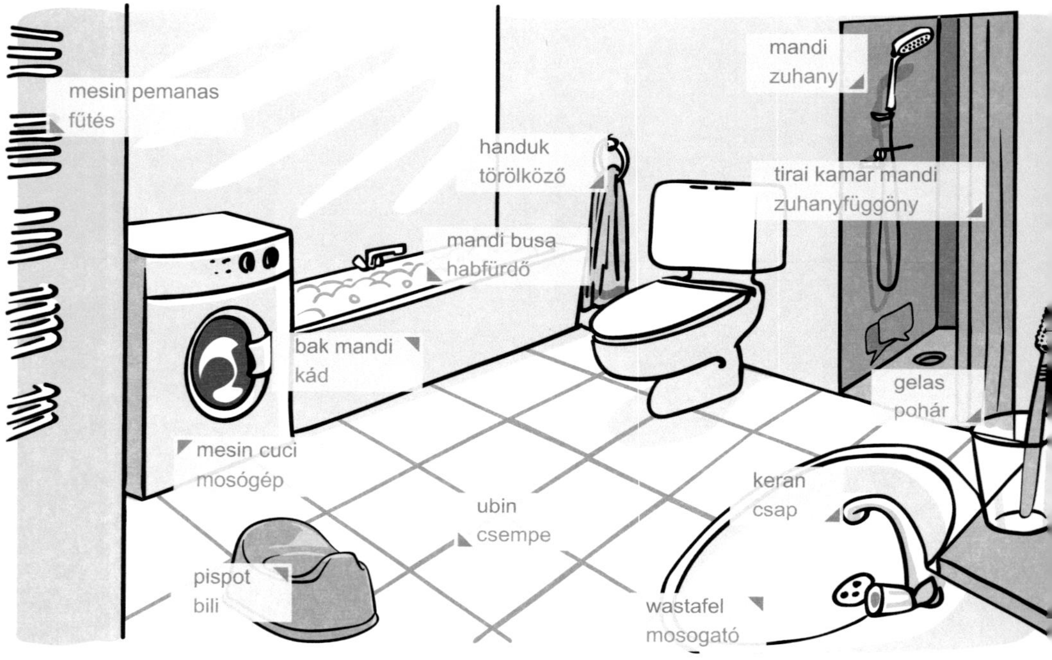

mesin pemanas
fűtés
handuk
törölköző
mandi
zuhany
tirai kamar mandi
zuhanyfüggöny
mandi busa
habfürdő
bak mandi
kád
gelas
pohár
mesin cuci
mosógép
keran
csap
ubin
csempe
pispot
bili
wastafel
mosogató

toilet

toalett

toilet jongkok

guggolós toalett

bidet

bidé

pissoir

piszoár

kertas toilet

toalett papír

sikat toilet

wc kefe

sikat gigi

fogkefe

pasta gigi

fogkrém

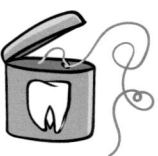

benang gigi

fogselyem

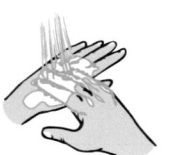

menyuci

mosni

pancuran tangan

kézi zuhany

pancuran

intimzuhany

bak

mosdótál

sikat punggung

hátmosó kefe

sabun

szappan

gel mandi

tusfürdő

sampo

sampon

planel

mosdókesztyű

kuras

lefolyó

krim

krém

deodoran

dezodor

kaca

tükör

cermin tangan

kézitükör

pisau cukur

borotva

busa cukur

borotvahab

aftershave

borotválkozás utáni
arcszesz

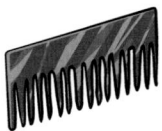

sisir

fésű

sikat

hajkefe

alat pengering rambut

hajszárító

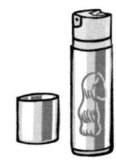

semprot rambut

hajlakk

makeup

smink

lipstik

ajakrúzs

cat kuku

körömlakk

kapas

vatta

gunting kuku

körömvágó olló

minyak wangi

parfüm

kantong pencuci

neszesszer

bangku

sámli

timbangan

mérleg

mantel mandi

köntös

sarung tangan karet

gumikesztyű

tampon

tampon

handuk pembalut

egészségügyi betét

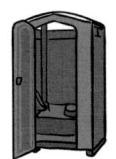

toilet kimia

vegyi WC

kamar anak

gyerekszoba

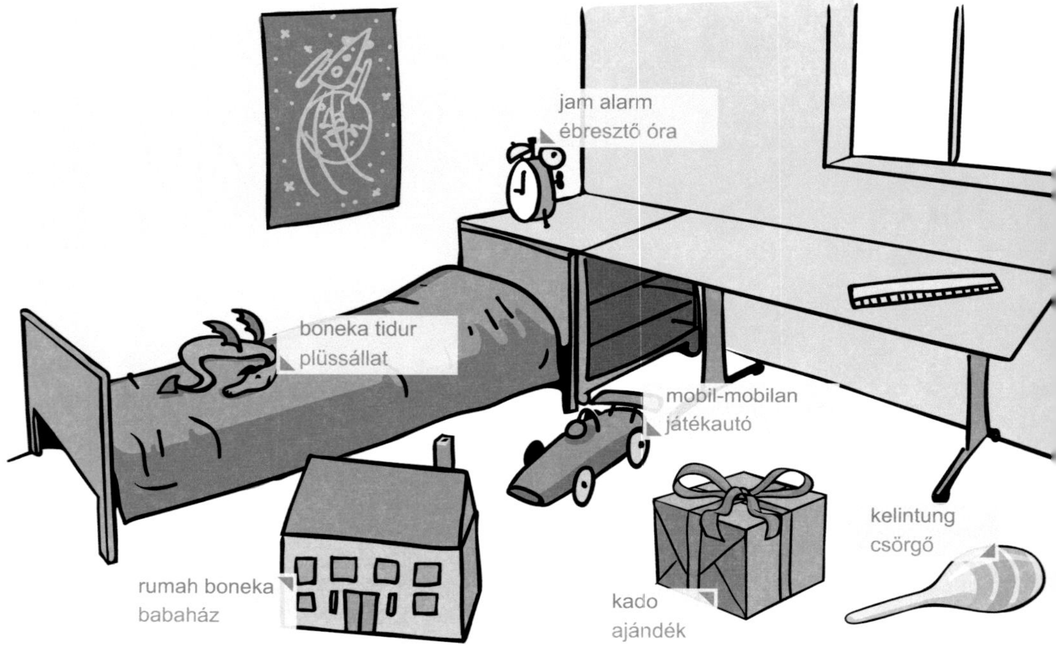

jam alarm
ébresztő óra
boneka tidur
plüssállat
mobil-mobilan
játékautó
kelintung
csörgő
rumah boneka
babaház
kado
ajándék

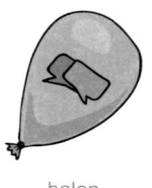

balon

lufi

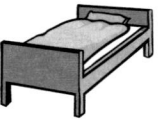

tempat tidur

ágy

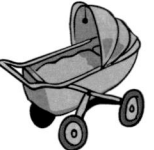

kereta bayi

babakocsi

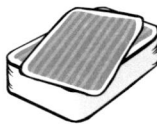

mainan kartu

kártyapakli

teka-teki

kirakós játék

SUPER
MEGA

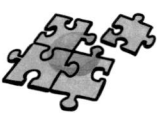

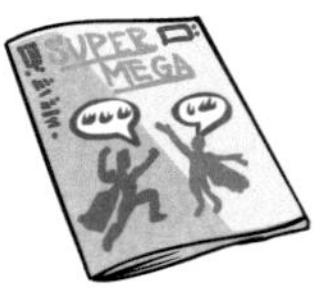

komik

képregény

mainan lego

építőkockák

blok mainan

építőelem

figur aksi

szuperhős

baju monyet

rugdalózó

frisbee

frizbi

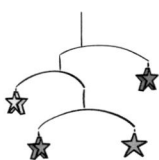

mobile

zenélő forgó

permainan papan

társasjáték

dadu

kocka

set model kreta api

modellvasút

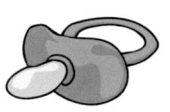

dot

cumi

pesta

zsúr

buku gambar

képeskönyv

bola

labda

boneka

baba

bermain

játszani

tempat main pasir

homokozó

ayunan

hinta

mainan

játékok

video game konsol

videójáték konzol

sepeda roda tiga

tricikli

teddy

teddi maci

lemari pakaian

ruhásszekrény

pakaian
ruházat

kaos kaki

zokni

kaos kaki

harisnya

baju ketat

harisnyanadrág

syal
sál

sabuk
öv

payung
esernyő

kaos
póló

sepatu bot
csizma

sepatu
tornacipő

sandal
papucs

sandal	sepatu	sepatu bot karet
szandál	cipő	gumicsizma
celana dalam	BH	baju rompi
alsónadrág	melltartó	mellény

body

body

celana

nadrág

jeans

farmer

rok

szoknya

blus

blúz

kemeja

ing

aket berkerudung

pulóver

sweater

kapucnis pulóver

jaket

blézer

jaket

dzseki

mantel

kabát

jas hujan

esőkabát

kostum

kosztüm

gaun

ruha

gaun pengantin

esküvői ruha

pakaian - ruházat

setelan resmi

öltöny

gaun tidur

hálóing

piyama

pizsama

sari

szári

jilbab

fejkendő

turban

turbán

burka

burka

kaftan

kaftán

abaya

abaya

pakaian renang

fürdőruha

celana renang

fürdőnadrág

celana pendek

rövidnadrág

olah raga

tréningruha

celemek

kötény

sarung tangan

kesztyű

kancing

gomb

kacamata

szemüveg

gelang

karkötő

kalung

nyaklánc

cincin

gyűrű

anting

fülbevaló

topi

sapka

gantungan mantel

vállfa

topi

kalap

dasi

nyakkendő

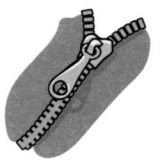

ritsleting

cipzár

helm

bukósisak

tali selempang

nadrágtartó

seragam sekolah

iskolai egyenruha

seragam

egyenruha

oto

előke

dot

cumi

popok

pelenka

server
szerver

lemari arsip
irattartó szekrény

pencetak
nyomtató

kertas
papír

layar
képernyő

meja kerja
íróasztal

mouse komputer
egér

tempat pengarsipan
mappa

papan tombol
billentyűzet

tempat sampah
papír-hulladék gyűjtő

computer
számítógép

kursi
szék

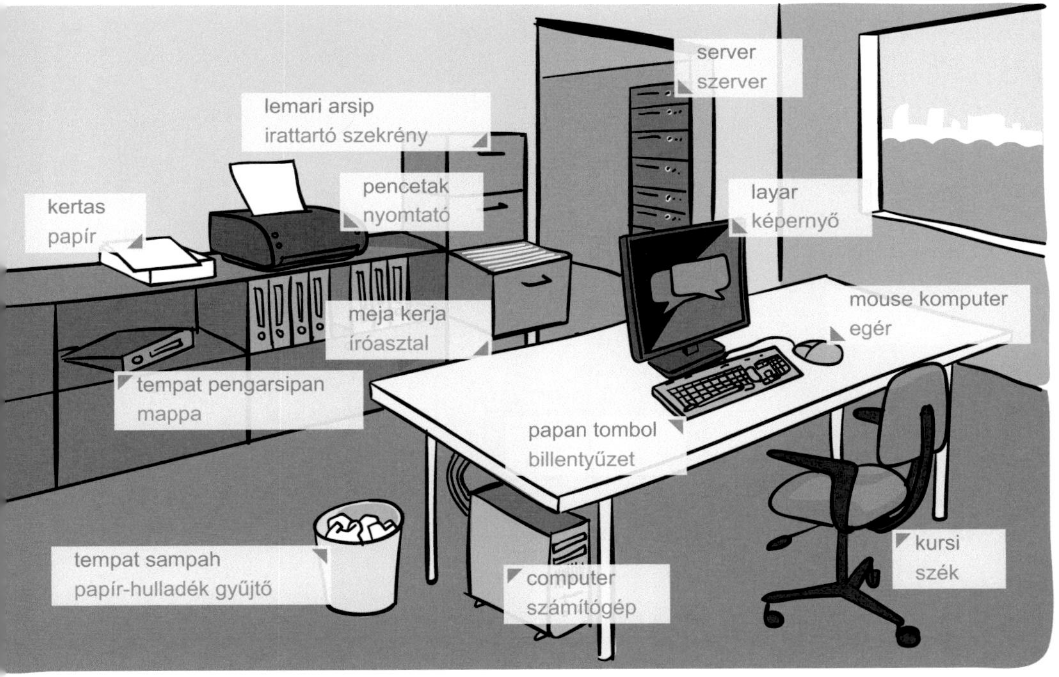

cangkir kopi

kávéscsésze

kalkulator

számológép

internet

internet

kantor - iroda

laptop

laptop

surat

levél

pesan

üzenet

telepon seluler

mobiltelefon

jaringan

hálózat

fotokopi

fénymásoló

software

szoftver

telepon

telefon

plug soket

konnektor

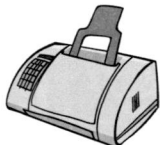

mesin fax

faxgép

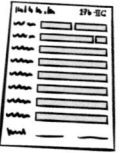

formulir

formanyomtatvány

dokumen

dokumentum

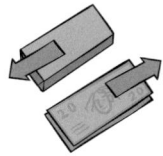

membeli
venni

membayar
fizetni

berdagang
kereskedni

uang
pénz

Dollar
dollár

Euro
euró

Yen
jen

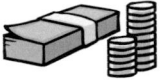

Rubel
rubel

Franc Swiss
svájci frank

Renminbi Yuan
kínai jüan

Rupiah
rúpia

ATM
bankautomata

kantor pertukaran mata uang

valutaváltó iroda

emas

arany

perak

ezüst

minyak

olaj

energi

energia

harga

ár

kontrak

szerződés

pajak

adó

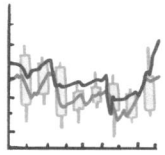

saham

részvény

bekerja

dolgozni

karyawan

munkavállaló

majikan

munkaadó

pabrik

gyár

toko

üzlet

pekerjaan
foglalkozások

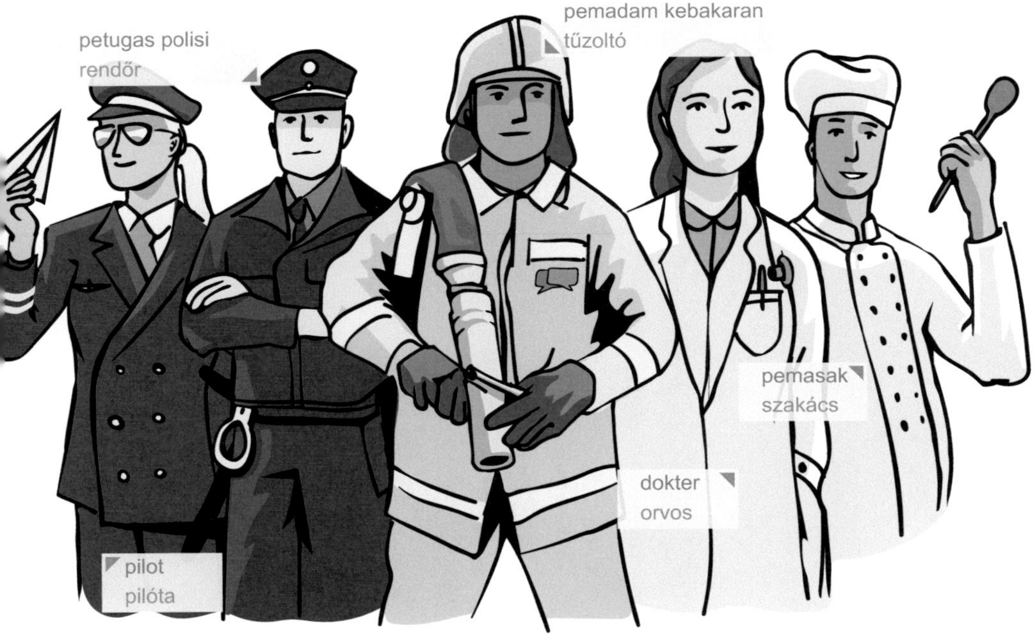

petugas polisi
rendőr
pemadam kebakaran
tűzoltó
pemasak
szakács
dokter
orvos
pilot
pilóta

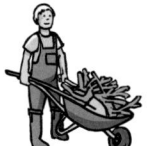

tukan kebun

kertész

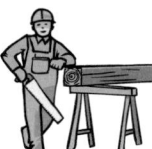

tukang kayu

kárpitos

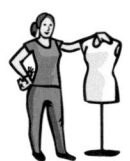

penjahit wanita

varrónő

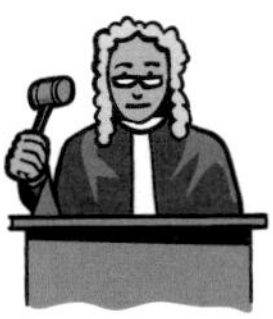

hakim

bíró

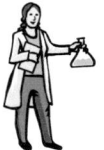

ahli kimia

vegyész

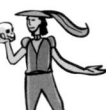

aktor

színész

sopir bis

buszsofőr

sopir taksi

taxisofőr

nelayan

halász

pembantu

bejárónő

tukang atap

tetőfedő

pelayan

pincér

pemburu

vadász

pelukis

festő

tukang roti

pék

tukang listrik

villanyszerelő

pembangun

építőmunkás

insinyur

mérnök

tukang daging

hentes

tukang ledeng

vízvezeték-szerelő

tukang pos

postás

54   pekerjaan - foglalkozások

tentara

katona

arsitek

építész

kasir

eladó

penjual bunga

virágos

penata rambut

fodrász

konduktor

kalauz

montir

műszerész

kapten

kapitány

dokter gigi

fogorvos

ilmuwan

tudós

rabbi

rabbi

imam

imám

biarawan

szerzetes

pendeta

lelkész

alat
szerszámok

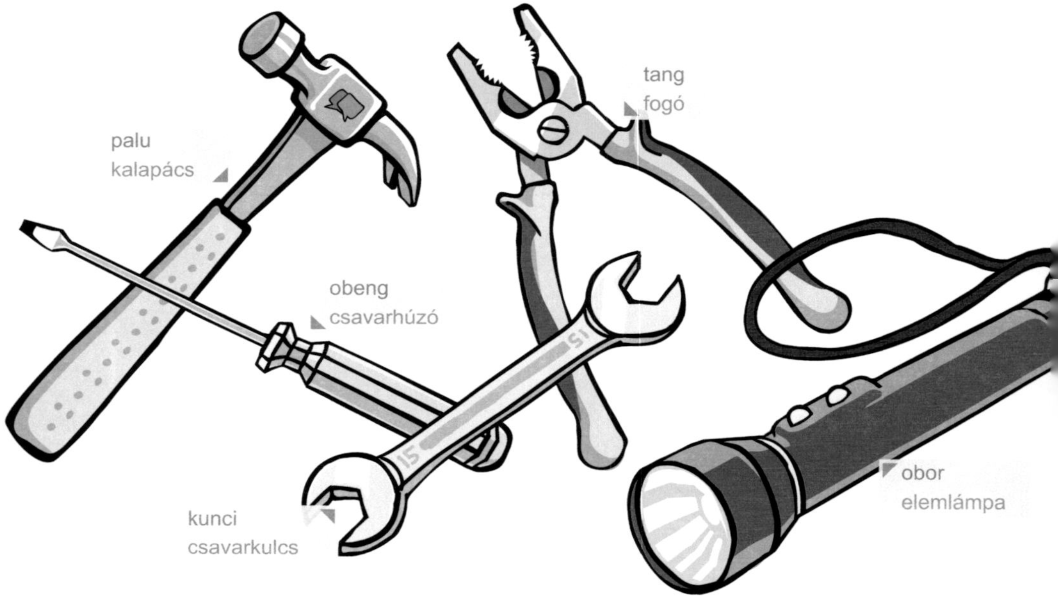
tang
fogó
palu
kalapács
obeng
csavarhúzó
kunci
csavarkulcs
obor
elemlámpa

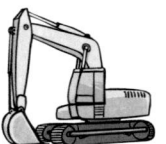

penggali

markológép

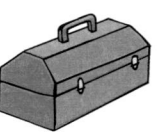

tas perkakas

szerszámosláda

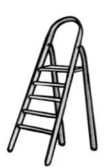

tangga

vödör

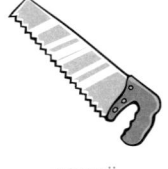

gergaji

fűrész

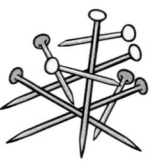

paku

szög

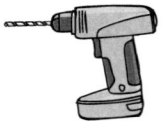

bor

fúrógép

perbaikan

megjavítani

sekop

lapát

Sialan!

A francba!

cikrak

szemétlapát

pot cat

festékesdoboz

sekrup

csavar

alat musik
hangszerek

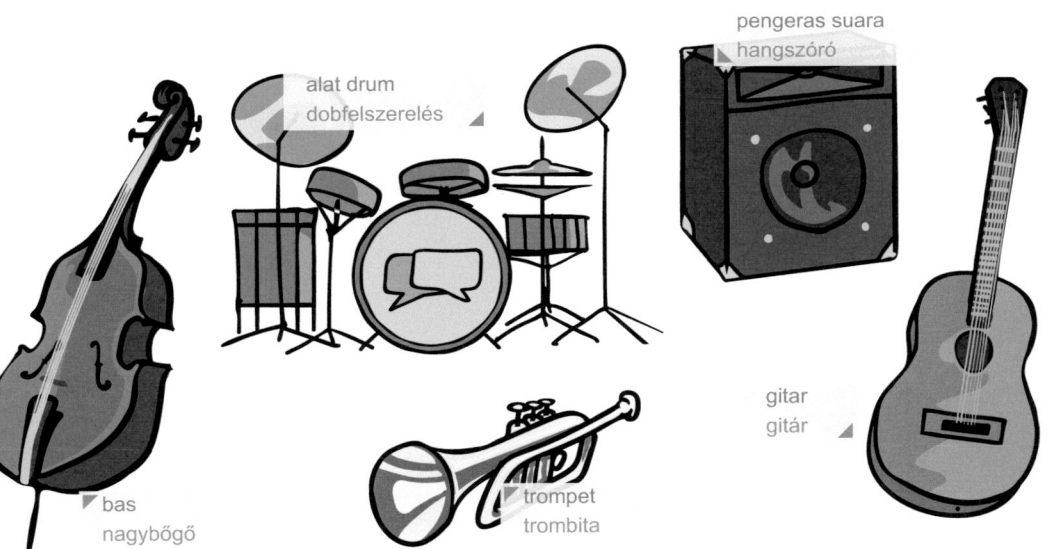

pengeras suara
hangszóró

alat drum
dobfelszerelés

gitar
gitár

bas
nagybőgő

trompet
trombita

piano

zongora

violin

hegedű

bass

basszusgitár

tambur

üstdob

drum

dobok

keyboard

digitális zongora

saksofon

szaxofon

suling

fuvola

mikrofon

mikrofon

alat musik - hangszerek

kebun binatang
állatkert

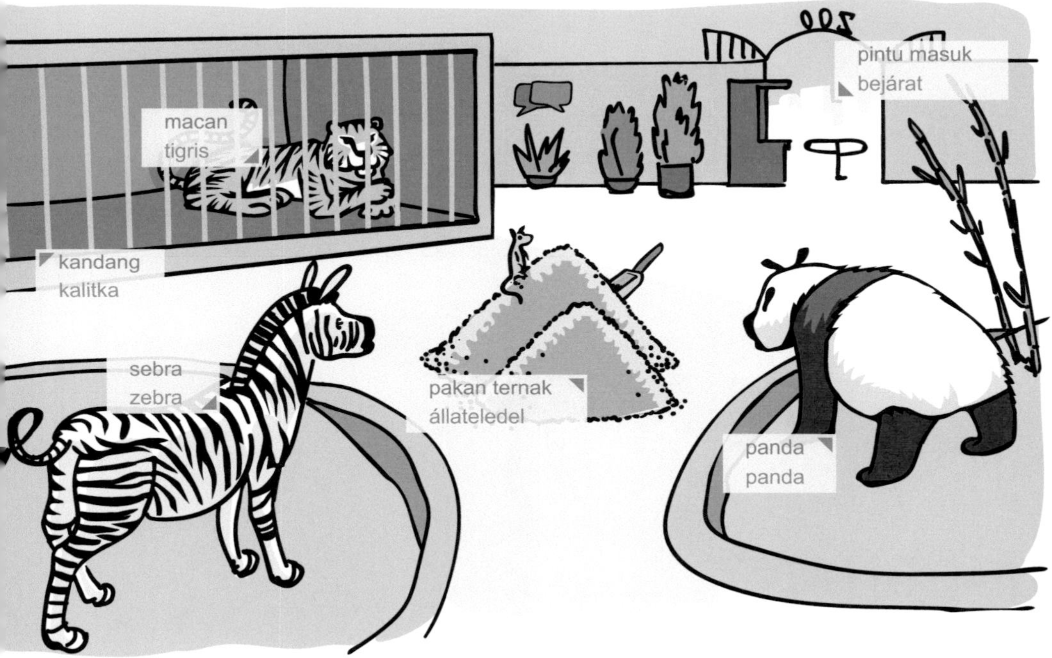

zoo
pintu masuk
bejárat
macan
tigris
kandang
kalitka
sebra
zebra
pakan ternak
állateledel
panda
panda

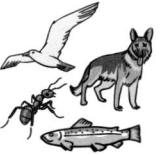

hewan
állatok

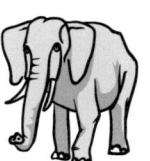

gajah
elefánt

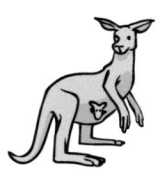

kanguru
kenguru

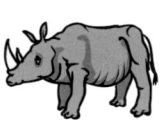

badak
orrszarvú

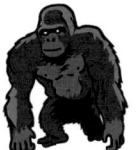

gorila
gorilla

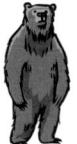

beruang
medve

unta

teve

burung unta

strucc

singa

oroszlán

monyet

majom

flamingo

flamingó

burung beo

papagáj

beruang polar

jegesmedve

penguin

pingvin

hiu

cápa

merak

páva

ular

kígyó

buaya

krokodil

penjaga kebun binatang

állatgondozó

segel

fóka

jaguar

jaguár

kuda poni

póniló

macan tutul

leopárd

kuda nil

víziló

jerapah

zsiráf

burung elang

sas

babi jantan

vaddisznó

ikan

hal

kura-kura

teknős

anjing laut

rozmár

rubah

róka

kijang

gazella

american football
amerikai futball

naik sepeda
kerékpározás

tennis
tenisz

basketbal
kosárlabda

bernang
úszás

tinju
boksz

hoki es
jégkorong

sepak bola
futball

badminton
tollas

atletik
atlétika

bola tangan
kézilabda

main ski
síelés

polo
lovaspóló

meloncat / ugrani

memeluk / ölelni

ketawa / nevetni

berjalan / sétálni

menyanyi / énekelni

berdoa / dicsérni

mencium / csókolni

mengimpi / álmodni

menulis
írni

melukis
rajzolni

menunjuk
mutatni

mendorong
tolni

memberikan
adni

mengambil
vinni

mempunyai

birtokolni

melakukan

csinálni

adalah

lenni

berdiri

állni

berlari

futni

menarik

húzni

melempar

hajít

jatuh

esni

tidur

hazudni

menunggu

várni

membawa

vinni

duduk

ülni

berpakaian

felvenni

tidur

aludni

bangun

felébredni

aktivitas - tevékenységek

melihat

ránézni

menangis

sírni

mengelus

simogat

menyisir

fésülni

berbicara

beszélni

mengerti

megérteni

menanyak

kérdezni

mendengar

hallgatni

minum

inni

makan

enni

merapikan

takarítani

cinta

szeretni

memasak

főzni

menyetir

vezetni

terbang

szállni

berlayar

vitorlázni

menghitung

számol

membaca

olvasni

belajar

tanulni

bekerja

dolgozni

menikah

házasodni

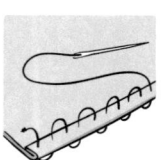

menjahit

varrni

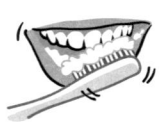

sikat gigi

fogat mosni

membunuh

ölni

merokok

dohányozni

kirim

küldeni

nenek
nagymama

kakek
nagypapa

bapak
apa

ibu
anya

bayi
kisbaba

putri
lány

putra
fiú

tamu

vendég

bibi

nagynéni

paman

nagybácsi

kakak laki

fiútestvér

kakak perempuan

lánytestvér

badan

test

dahi
homlok
mata
szem
bahu
váll
jari
ujj
muka
arc
dagu
áll
tangan
kéz
kaki
láb
payudara
mell
lengan
kar

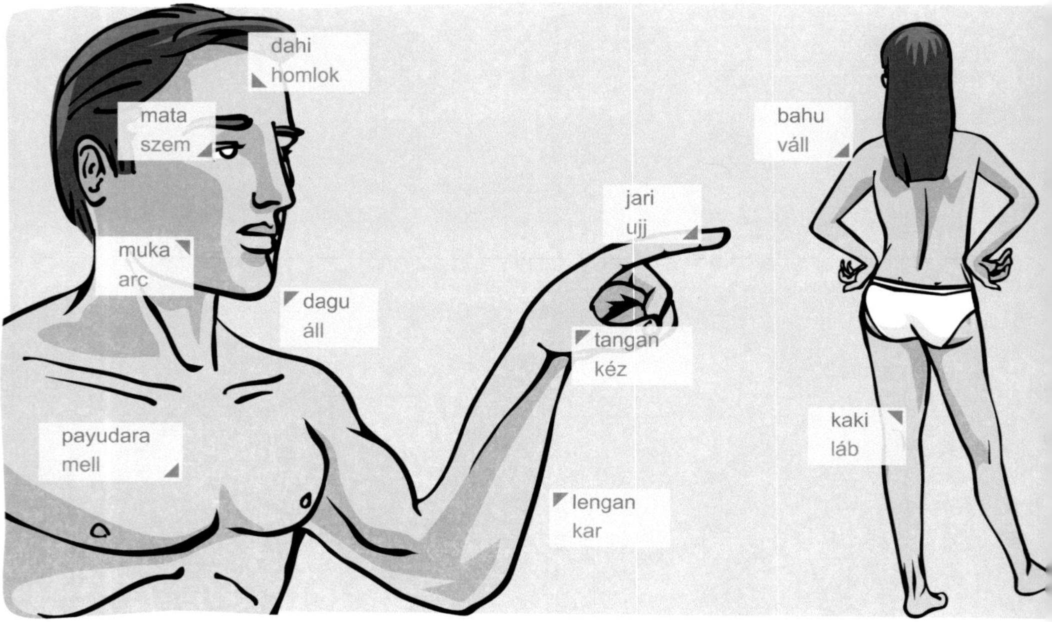

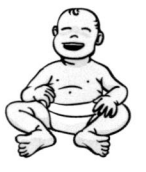

bayi

kisbaba

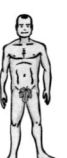

pria

ember

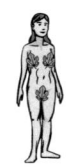

wanita

nő

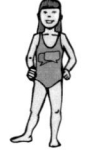

perempuan

lány

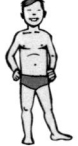

laki

fiú

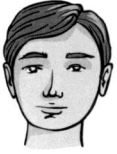

kepala

fej

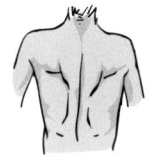

punggung

hát

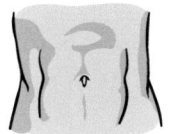

perut

has

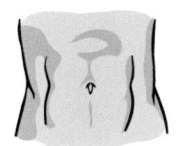

pusar

köldök

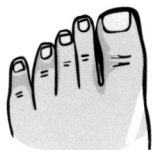

toe

lábujj

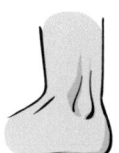

tumit

sarok

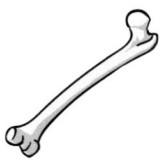

tulang

csont

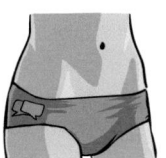

pinggang

csípő

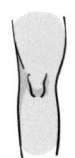

lutut

térd

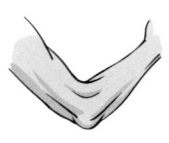

siku

könyök

hidung

orr

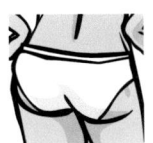

pantat

fenék

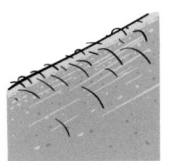

kulit

bőr

pipi

orca

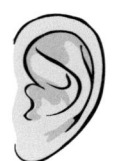

telinga

fül

bibir

ajak

badan - test

mulut

száj

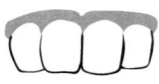

gigi

fog

lidah

nyelv

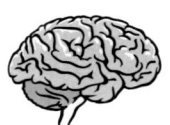

otak

agy

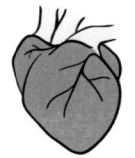

jantung

szív

otot

izom

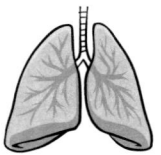

paru-paru

tüdö

hati

máj

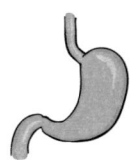

stomach

gyomor

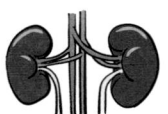

ginjal

vese

hubungan seks

szex

kondom

kondom

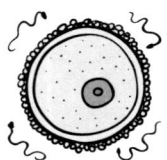

sel telur

petesejt

sperma

sperma

kehamilan

terhesség

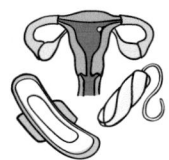

menstruasi

menstruáció

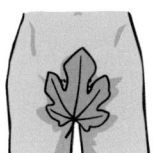

vagina

vagina

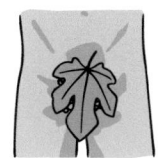

penis

pénisz

alis

szemöldök

rambut

haj

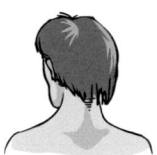

leher

nyak

rumah sakit
kórház

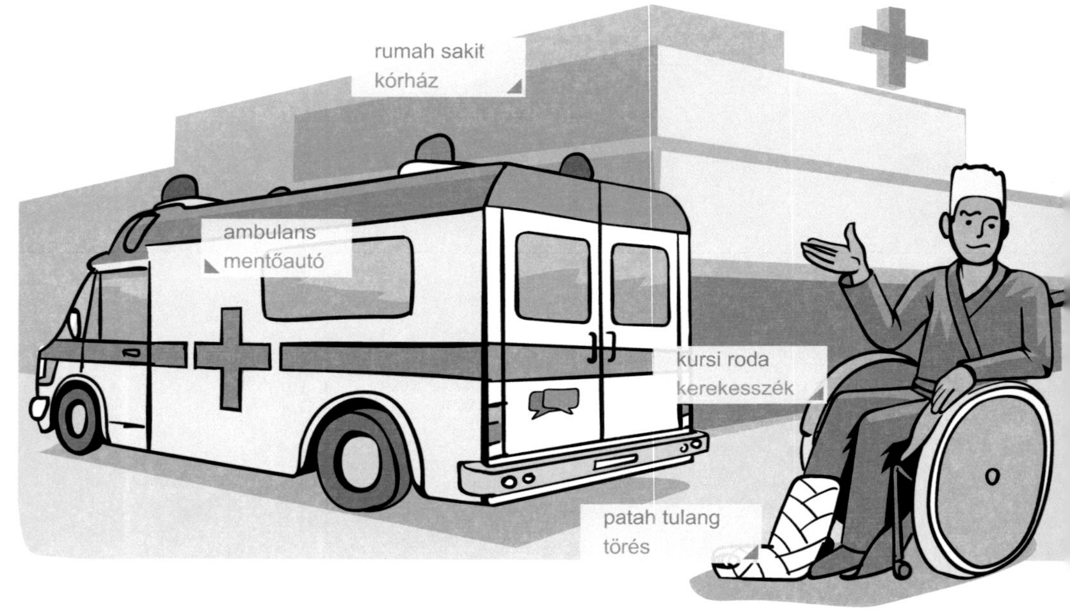

rumah sakit
kórház
ambulans
mentőautó
kursi roda
kerekesszék
patah tulang
törés

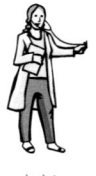

dokter

orvos

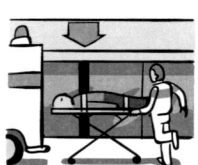

ruang darurat

sürgősségi osztály

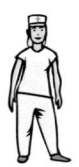

perawat

ápoló

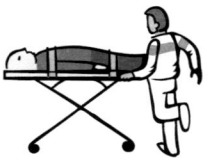

darurat

vészhelyzet

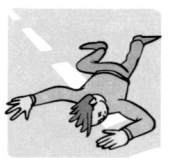

semaput

eszméletlen

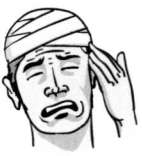

sakit

fájdalom

cedera

sérülés

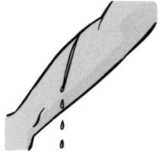

perdarahan

vérzés

serangan jantung

szívroham

stroke

szélütés

alergi

allergia

batuk

köhögés

demam

láz

flu

influenza

diare

hasmenés

sakit kepala

fejfájás

kanker

rák

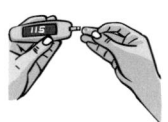

diabetes

cukorbetegség

ahli bedah

sebész

pisau bedah

szike

operasi

műtét

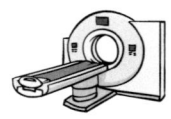

CT

CT

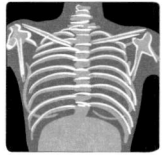

sinar x

röntgen

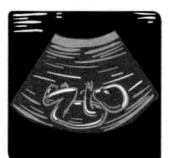

usg

ultrahang

topeng

arcmaszk

penyakit

betegség

ruang tunggu

váróterem

penyokong

mankó

plester

sebtapasz

perban

kötszer

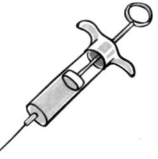

injeksi

injekció

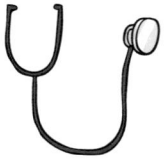

stetoskop

sztetoszkóp

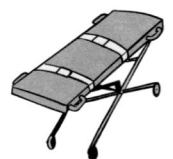

usungan

hordágy

termometer klinis

klinikai hőmérő

kelahiran

születés

kelebihan berat badan

túlsúly

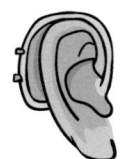

alat pendengar

hallókészülék

desinfektan

fertőtlenítőszer

infeksi

fertőzés

virus

vírus

HIV / AIDS

HIV/AIDS

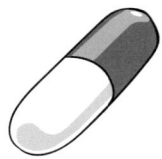

obat

orvosság

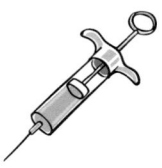

vaksinasi

oltás

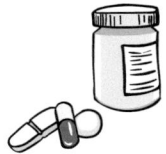

tablet

tabletták

pil

tabletta

panggilan darurat

sürgősségi hívás

ukur tekanan darah

vérnyomásmérő

sakit / sehat

betegség / egészség

Tolong!

Segítség!

alarm

riasztás

penyerbuan

rajtaütés

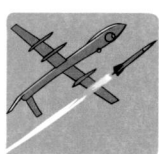

serangan

támadás

bahaya

veszély

pintu darurat

vészkijárat

Api!

tűz!

alat pemadam kebakaran

tűzoltókészülék

kecelakaan

baleset

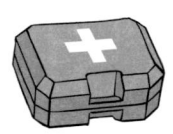

kit pertolongan pertama

elsősegélycsomag

SOS

SOS

polisi

rendőrség

Eropa

Európa

Amerika Utara

Észak-Amerika

Amerika Selatan

Dél-Amerika

Afrika

Afrika

Asia

Ázsia

Australi

Ausztrália

Atlantik

Atlanti-óceán

Pasifik

Csendes-óceán

Samudra India

Indiai-óceán

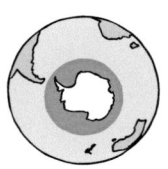

Samudra Antartika

Déli-óceán

Samudra Arktik

Jeges-tenger

kutub utara

Északi-sark

kutub selatan

Déli-sark

Antarktika

Antarktisz

bumi

föld

tanah

szárazföld

laut

tenger

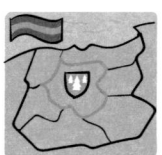

pulau

sziget

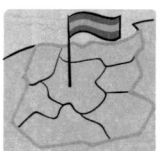

bangsa

nemzet

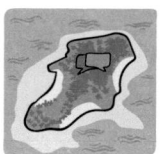

negara

állam

jam wajah

számlap

jarum pendek

kismutató

jarum menit

nagymutató

jarum detik

másodpercmutató

Jam berapa?

Mennyi az idő?

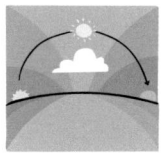

hari

nap

waktu

idő

sekarang

most

jam digital

digitális óra

menit

perc

jam

óra

minggu
hét

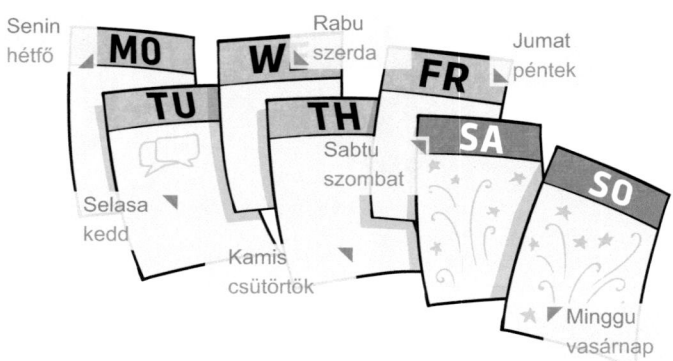

Senin — hétfő
MO
Rabu — szerda
W
Jumat — péntek
FR
TU
TH
SA
Selasa — kedd
Sabtu — szombat
Kamis — csütörtök
SO
Minggu — vasárnap

kemaren

tegnap

hari ini

ma

besok

holnap

pagi

reggel

siang

dél

malam

este

MO	TU	WE	TH	FR	SA	SU
1	2	3	4	5	6	7
8	9	10	11	12	13	14
15	16	17	18	19	20	21
22	23	24	25	26	27	28
29	30	31	1	2	3	4

hari kerja

hétköznap

MO	TU	WE	TH	FR	SA	SU
1	2	3	4	5	6	7
8	9	10	11	12	13	14
15	16	17	18	19	20	21
22	23	24	25	26	27	28
29	30	31	1	2	3	4

akhir minggu

hétvége

hujan
eső

pelangi
szivárvány

angin
szél

salju
hó

musim semi
tavasz

musim panas
nyár

musim gugur
ősz

musim dingin
tél

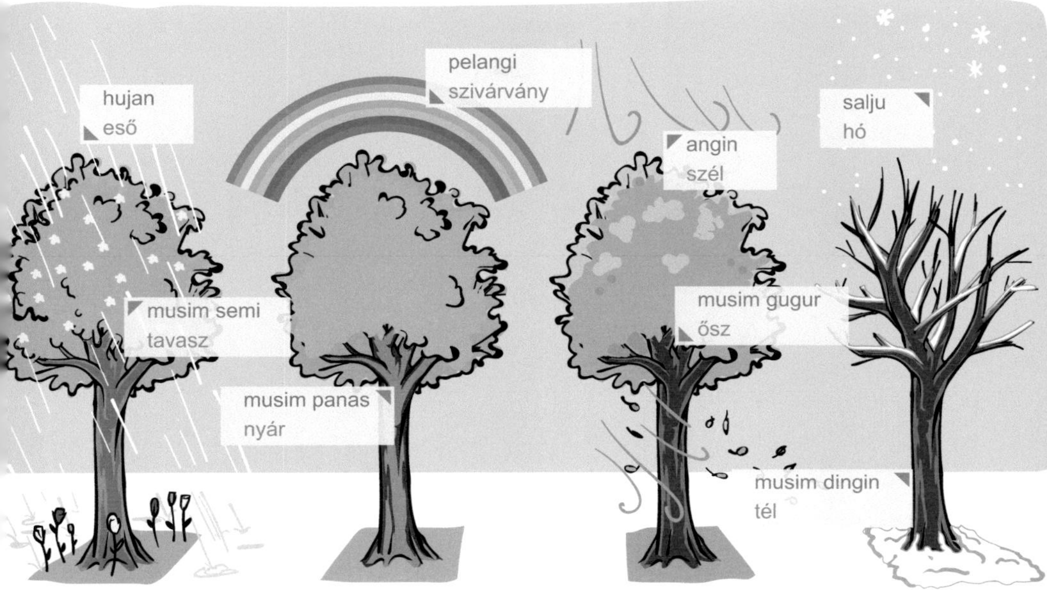

ramalan cuaca

időjárás előrejelzés

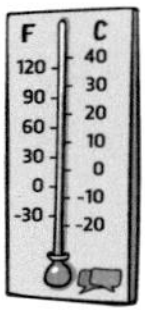

termometer

hőmérő

matahari

napsütés

awan

felhő

kabut

köd

kelembahan

páratartalom

kilat

villámlás

guntur

mennydörgés

badai

vihar

hujan es

jégeső

monsun

monszun

banjir

áradás

es

jég

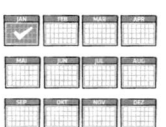

Januari

január

Februari

február

Maret

március

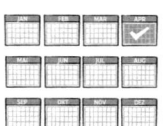

April

április

Mei

május

Juni

június

Juli

július

Agustus

augusztus

tahun - év

September
szeptember

Oktober
október

November
november

Desember
december

lingkaran
kör

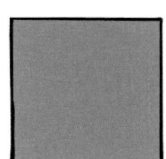

persegi
négyzet

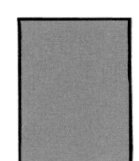

persegi panjang
téglalap

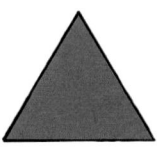

segi tiga
háromszög

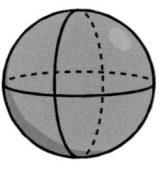

bola
gömb

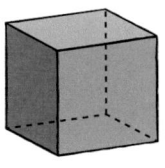

kubus
kocka

putih

fehér

kuning

sárga

oranye

narancs

pink

rózsaszín

merah

piros

ungu

lila

biru

kék

hijau

zöld

coklat

barna

abu-abu

szürke

hitam

fekete

banyak / sedikit

sok / kevés

marah / tenang

mérges / nyugodt

cantik / jelek

szép / csúnya

mulaih / selesai

kezdet / vég

besar / kecil

nagy / kicsi

terang / gelap

világos / sötét

saudara laki-laki / saudara perempuan

fivér / nővér

bersih / kotor

tiszta / koszos

lengkap / tidak lengkap

teljes / nem teljes

hari / malam

nappal / éjszaka

mati / hidup

halott / élő

luas / sempit

széles / keskeny

dapat dimakan / tidak dapat dimakan

ehető / nem ehető

jahat / baik

gonosz / kedves

bersemangat / bosan

izgatott / unott

gemuk / kurus

kövér / vékony

pertama / terakhir

első / utolsó

teman / musuh

barát / ellenség

penuh / kosong

teli / üres

keras / lembut

kemény / puha

berat / enteng

nehéz / könnyű

lapar / haus

éhség / szomjúság

sakit / sehat

betegség / egészség

ilegal / legal

illegális / legális

cerdas / bodoh

intelligens / buta

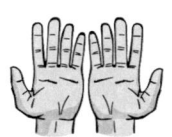

kiri / kanan

bal / jobb

dekat / jauh

közel / távol

baru / bekas

új / használt

tidak ada apapun / sesuatu

semmi / valami

tua / muda

idős / fiatal

nyala / mati

be / ki

buka / tutup

nyitva / zárva

tenang / keras

csendes / hangos

kaya / miskin

gazdag / szegény

benar / salah

helyes / helytelen

kasar / halus

érdes / sima

sedih / gembira

szomorú / vidám

pendek / panjang

rövid / hosszú

pelan-pelan / cepat

lassú / gyors

basah / kering

nedves / száraz

hangat / sejuk

meleg / hideg

perang / damai

háború / béke

0

nol

nulla

1

satu

egy

2

dua

kettő

3

tiga

három

4

empat

négy

5

lima

öt

6

enam

hat

7

tujuh

hét

8

delapan

nyolc

9

sembilan

kilenc

10

sepuluh

tíz

11

sebelas

tizenegy

12
duabelas

tizenkettő

13
tigabelas

tizenhárom

14
empatbelas

tizennégy

15
limabelas

tizenöt

16
enambelas

tizenhat

17
tujuhbelas

tizenhét

18
delapanbelas

tizennyolc

19
sembilanbelas

tizenkilenc

20
duapuluh

húsz

100
seratus

száz

1.000
seribu

ezer

1.000.000
juta

millió

Inggris

angol

bahasa Inggris Amerika

amerikai angol

bahasa Cina Mandarin

mandarin kínai

bahasa Hindi

hindi

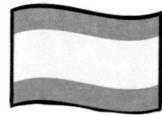

bahasa Spanyol

spanyol

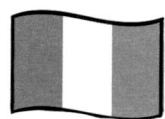

bahasa Perancis

francia

bahasa Arab

arab

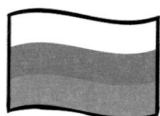

bahasa Rusia

orosz

bahasa Portugis

portugál

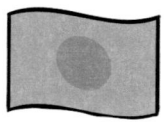

bahasa Bengal

bengáli

bahasa Jerman

német

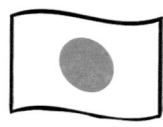

bahasa Jepang

japán

saya

én

kamu

te

dia

ő

kita

mi

kalian

ti

mereka

ők

siapa?

ki?

apa?

mi?

begaimana?

hogyan?

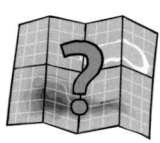

dimana?

hol?

kapan?

mikor?

nama

név

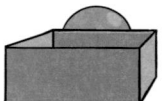

dibelakang

mögött

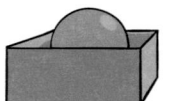

di

benne

didepan

elötte

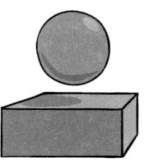

diatas

felette

diatas

rajta

dibawah

alatta

sebelah

mellett

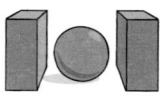

di antara

között

tempat

hely